BEI GRIN MACHT SICH IHR WISSEN BEZAHLT

AF137218

- Wir veröffentlichen Ihre Hausarbeit, Bachelor- und Masterarbeit

- Ihr eigenes eBook und Buch - weltweit in allen wichtigen Shops

- Verdienen Sie an jedem Verkauf

Jetzt bei www.GRIN.com hochladen und kostenlos publizieren

IT-Security in Kleinen und Mittelständischen Unternehmen. Die Verbesserung der IT-Sicherheit

Rebecca Bell Ngansop

Bibliografische Information der Deutschen Nationalbibliothek:

Die Deutsche Nationalbibliothek verzeichnet diese Publikation in der Deutschen Nationalbibliografie; detaillierte bibliografische Daten sind im Internet über http://dnb.d-nb.de abrufbar.

ISBN: 9783346365057
Dieses Buch ist auch als E-Book erhältlich.

Druck und Bindung: Books on Demand GmbH, Norderstedt Germany
Gedruckt auf säurefreiem Papier aus verantwortungsvollen Quellen

Das vorliegende Werk wurde sorgfältig erarbeitet. Dennoch übernehmen Autoren und Verlag für die Richtigkeit von Angaben, Hinweisen, Links und Ratschlägen sowie eventuelle Druckfehler keine Haftung.

Das Buch bei GRIN: https://www.grin.com/document/983994

Technische Hochschule Mittelhessen, Campus Friedberg

Fachbereich Mathematik, Naturwissenschaften und Datenverarbeitung

Studiengang Wirtschaftsinformatik (B.Sc.)

Hauptseminar - Thema:

„IT-Security in Kleinen und Mittelständischen Unternehmen"

Tag der Einreichung: 20.09.2020

Inhaltsverzeichnis

Abkürzungsverzeichnis

DSGVO	Datenschutzgrundverordnung
EDV	Elektronische Datenverarbeitung
KMU	Kleine und Mittelständische Unternehmen
IHK	Industrie und Handelskammer
IT	Informationstechnik
Mio	Million

Abbildungsverzeichnis

Tabellenverzeichnis

1. Einleitung

1.1 Bedeutung der IT-Sicherheit in Kleinen und Mittelständischen Unternehmen

„Das Sprichwort stimmt, dass Sicherheitssysteme immer gewinnen müssen, der Angreifer hingegen muss nur einmal."[1]

Dieses Zitat stammt aus dem Buch „Die Kunst des Einbruchs", gemeint ist der „Einbruch" in IT-Systeme von Unternehmen. Damit wird die Wichtigkeit der IT-Systeme unterstrichen. Diese IT-Systeme sind umgehend zu überprüfen, sodass möglichst alle Fehlerquellen, ausgeschlossen werden können.[2]

Denn der Angreifer braucht im besten Falle nur einen Fehler zu finden, um in ein Computersystem einzubrechen. Der Verteidiger muss dagegen so viele Schwachstellen wie möglich beseitigen. Ein etwas ungleicher Kampf.[3]

Gegenstand dieser Arbeit ist die Sicherheit der Informationstechnologie betrachtet in kleinen und Mittelständischen Unternehmen. An dieser Stelle wird zunächst die enorme Bedeutung von IT-Sicherheit in Unternehmen hervorgehoben.

Digitaler Wandel verändert Privatpersonen aber insbesondere verändert Digitalisierung agierende Unternehmen nachhaltig. Diese gravierenden Veränderungen tragen wesentlich zu einer Kostensenkung bei. Unternehmen die sich konsequent selber digitalisieren, können dadurch wesentliche Effizienzsteigerungen erzielen. Damit werden die Voraussetzungen geschaffen, auch in Zukunft wettbewerbsfähig zu sein. Ein entscheidender Aspekt hierfür sind durchgängige, smarte und elektronische Lösungen, zum Beispiel die Anwendung neuer Softwaresysteme.[4]

Jedoch sind digitalisierte Prozesse bei entsprechendem unzureichendem Schutz angreifbar. Die IT-Sicherheit in kleinen und Mittelständischen Unternehmen ist Gegenstand dieser Arbeit.

---

[1] (Mitnick & Simon, 2008)
[2] (Mitnick & Simon, 2008)
[3] (Mitnick & Simon, 2008)
[4] (Bundesverband Materialwirtschaft, Einkauf und Logistik e.V., 2017)

Die Anforderungen an die IT-Sicherheit steigen mit einem zunehmenden Digitalisierungsgrad. Insbesondere in kleinen und Mittelständischen Unternehmen wird diese oftmals als reiner Kostenfaktor aufgefasst. Die langfristigen Vorteile von gut praktizierter IT-Sicherheit werden nicht richtig wahrgenommen.[5]

Dabei ist die Verfügbarkeit der IT-Systeme und der Daten von höchster Bedeutung, denn längere Ausfälle können zu erheblichen betrieblichen Störungen führen. Die dabei entstehenden Kosten sind meist weitaus höher als die Investitionen in die richtige IT- Sicherheit.[6]
Darüber hinaus sind auch die gesetzlichen Anforderungen zu beachten. Hierzu zählt zum Beispiel der Umgang mit personenbezogen Daten. Des Weiteren hat beispielsweise sogar die Datenqualität einen Einfluss auf den Wert eines Unternehmens, beispielsweise die Kundenstammdaten.[7]

Genau wie Kundendaten, gehört das Knowhow im Unternehmen zu den besonders schützenswerten Informationen. Die IT-Sicherheit trägt dazu bei, dass diese Information vertraulich bleiben. Damit leistet dieser Bereich der Informatik einen wesentlichen Beitrag zum nachhaltigen Erfolg eines Unternehmens.[8]

Die Sicherheit der Informationstechnologie in Kleinen und Mittelständischen Unternehmen ist Gegenstand dieser wissenschaftlichen Arbeit und wird im Folgenden genauer erläutert.

1.2 Ziele dieser Arbeit

Die Zielstellung dieser Arbeit ist die Definition zentraler Begriffe in Bezug auf die IT-Sicherheit in Kleinen und Mittelständischen Unternehmen in Deutschland.
Auf Basis einer von der Industrie- und Handelskammer durchgeführten Studie wird eine aktuelle Bestandsaufnahme der IT-Security-Situation in Deutschland aufgezeigt.
Aufbauend auf diesen Umfrageergebnissen leitet sich die folgende Forschungsfrage dieser Arbeit ab:

---

[5] (Industrie- und Handelskammer Mittlerer Niederrhein, 2019)
[6] (Industrie- und Handelskammer Mittlerer Niederrhein, 2019)
[7] (Industrie- und Handelskammer Mittlerer Niederrhein, 2019)
[8] (Industrie- und Handelskammer Mittlerer Niederrhein, 2019)

Welche Maßnahmen können Kleine und Mittelständische Unternehmen ergreifen um ihre IT-Sicherheit zu verbessern?

Ziel dieser Arbeit ist es diese Frage zu beantworten anhand von konkret aufgezeigten Maßnahmen für kleine und Mittelständische Unternehmen.

Des Weiteren sollen in dieser Arbeit die Relevanz und die hohe Bedeutung der IT-Sicherheit für kleine und mittelständische Unternehmen hervorgehoben werden. Dieser Punkt hat auch den Autor dieser Arbeit dazu bewogen sich dieses Thema im Rahmen des Studienmoduls zu widmen.

1.3 Aufbau dieser Arbeit

Dem Thema IT-Sicherheit in kleinen und Mittelständischen Unternehmen wird sich in dieser Arbeit schrittweise angenähert. Zunächst werden themenspezifisch die zentralen Begriffe definiert.

Anschließend wird auf Basis einer von der IHK-Krefeld durchgeführten Studie die aktuelle Situation der IT-Sicherheit in Kleinen und Mittelständischen Unternehmen dargelegt. Die umfragebasierte Studie fand in der Region Mittlerer Niederrhein im Jahr 2019 statt.

Im vierten Abschnitt dieser Arbeit werden Handlungsempfehlungen vorgelegt um die IT-Sicherheit in Kleinen und Mittelständischen Unternehmen zu bewerten und zu verbessern.

Abgeschlossen wird diese Arbeit mit einem Fazit, sowie einem Ausblick auf die zukünftige Anwendung von IT-Sicherheitsmaßnahmen in kleinen und mittelständischen Unternehmen.

1.4 Literaturreview

An dieser Stelle wird ein kurzer Überblick über die verwendete Literatur der vorliegenden Arbeit gegeben.

Dabei wird zwischen der Fachliteratur, welche sich konkret auf das forschungsbezogene Thema bezieht und der Studie und sonstiger Literatur unterschieden.

Zunächst bildet die Fachliteratur zu den zentralen Begriffen im Folgeabschnitt die theoretischen Grundlagen dieser Arbeit.

Des Weiteren fundieren einige der im Hauptteil dieser Arbeit vorgestellten Statistiken und getroffenen Aussagen aus einer von der Industrie und Handelskammer mittlerer Niederrhein durchgeführten Studie.

In dieser Studie wird der aktuelle Stand der IT-Sicherheit in kleinen und mittelständischen Unternehmen ausgewertet. Hierfür wurden 115 Unternehmen befragt.

2. Theoretische Grundlagen

Dieses Kapitel behandelt die theoretischen Grundlagen der zentralen Begriffe dieser Arbeit. Im Folgenden werden die wichtigsten Begriffe definiert.

2.1 Kleine und Mittelständige Unternehmen

An dieser Stelle soll der Begriff „Kleine und Mittelständige Unternehmen" erläutert werden. In dieser Arbeit wird der Begriff mit „KMU" im weiteren Verlauf zur besseren Lesbarkeit abgekürzt.

Allgemein wird mit dem Begriff der kleinen bzw. mittelständische Unternehmen die Unternehmensgröße ausgedrückt. Eine allgemein gültige gesetzliche Definition für den Begriff gibt es jedoch nicht.

Quantitativ bezieht sich der Begriff auf Unternehmen aus allen Branchen, der freien Berufe und auch das Handwerk eingeschlossen. Kriterien für den Begriff der KMU sind festgelegte Kennzahlen, die Unternehmen aus der Kategorie der KMU nicht überschreiten.[9]

In der folgenden Tabelle sind diese „Grenzen" nach denen Unternehmen eingeteilt werden im Überblick dargestellt.

Tabelle 1: Systematisierung von Unternehmen[10]

Unternehmens-Kategorie	Zahl der Mitarbeiter	Umsatz (in €)	Bilanzsumme (in €)
mittelgroß	Unter 250	höchstens 50 Mio.	höchstens 43 Mio.
klein	Unter 50	höchstens 10 Mio.	höchstens 10 Mio.
Mikro	Unter 10	höchstens 2 Mio.	höchstens 2 Mio.

Die Unternehmenskategorien aus der Tabelle 1 wurden im Januar 2005 von der Europäische Kommission ausgesprochen und sind in Deutschland gültig. Die Kriterien zur Festlegung der Unternehmenskategorie sind die Zahl Mitarbeiteranzahl, der jährliche Unternehmensumsatz und die Bilanzsumme.[11]

---

[9] (Mittelstandspreis, 2020)
[10] (Die Bundesregierung, 2020)
[11] (Die Bundesregierung, 2020)

Demnach sind Mikrounternehmen Unternehmen, die weniger als zehn Mitarbeiter beschäftigen haben. Der Jahresumsatz oder die Bilanzsumme von Mikrounternehmen beträgt höchstens zwei Millionen Euro jährlich.[12]

Kleine Unternehmen sind Unternehmen, die weniger als 50 Mitarbeiter beschäftigen. Deren Jahresumsatz oder deren Jahresbilanzsumme beträgt höchstens zehn Millionen Euro.[13]

Mittlere Unternehmen bzw. mittelständische Unternehmen sind Unternehmen, die weniger als 250 Mitarbeiter beschäftigen. Diese Unternehmenskategorie hat einen Jahresumsatz von höchstens 50 Millionen Euro oder eine Jahresbilanzsumme von höchstens 43 Millionen Euro.[14]

Eine Besonderheit der Auslegung gibt es für Unternehmen die Inhaber- oder Familiengeführt sind. Hiervon können auch größere Unternehmen nach Mitarbeiterzahl oder Umsatz, dem Mittelstand zugeteilt werden.[15]

In Deutschland sind 99,5 Prozent aller Unternehmen zu der Unternehmenskategorie der KMU zu zählen, das entspricht der Anzahl von rund 3,6 Millionen Unternehmen. Die hohe Bedeutung für den Arbeitsmarkt unterstreicht, dass rund 59 Prozent aller sozialversicherungspflichtigen Beschäftigten in einem KMU arbeiten. Des Weiteren ist hervorzuheben das 97 Prozent der deutschen Exporteure KMU sind.

Diese Zahlen und der damit verbundenen Bedeutung für die Wirtschaft untermauert die Wichtigkeit der KMU. Damit unmittelbar einhergehend ist die IT-Sicherheit in diesen Unternehmen sehr wichtig.[16]

Der Fokus der weiteren Betrachtungen dieser Arbeit beziehen sich auf die Kleinen und Mittelständischen Unternehmen.

---

[12] (Die Bundesregierung, 2020)
[13] (Die Bundesregierung, 2020)
[14] (Die Bundesregierung, 2020)
[15] (Die Bundesregierung, 2020)
[16] (Mittelstandsforschung Bonn, 2016)

2.2 IT-Sicherheit

An dieser Stelle soll der Begriff „IT-Sicherheit" definiert werden. Synonym wird oftmals der Begriff IT-Security verwendet. Dieses Thema der IT-Sicherheit ist ein sehr weitläufiges Themengebiet und wird an dieser Stelle deshalb im Überblick dargestellt in Bezug zu KMU.

Die IT-Sicherheit bezieht sich auf die Gewährleistung von Sicherheit der im Unternehmen eingesetzten Informationstechniken und Informationstechnologien. Hierzu zählen alle Hard- und Softwaresysteme.[17]
Ziel ist die reibungslose und sichere Informationsverarbeitung und die Kommunikation, dafür sind korrekte Abläufe der Hard- und Software vorausgesetzt. Damit soll auch die Daten und Informationssicherheit durch die IT-Sicherheit sichergestellt werden. Die IT-Sicherheit soll schließlich die Sicherheit bzw. Korrektheit aller Anwendungen gewährleisten, die durch Informationstechnologie ausgeführt bzw. unterstützt werden.[18]

Problembereiche:
In der IT-Sicherheit gibt es zahlreiche Problembereiche. So können Abläufe der IT-Anwendungen aufgrund fehlerhafter Hardwarekomponenten, zum Beispiel Prozessoren und Speicher, gestört werden. Es können auch Fehler in der Systemsoftware, sprich dem Betriebssystem, oder in Anwendungsprogrammen auftreten.[19]
Häufige Fehler sind auf Netzsysteme, zum Beispiel auf Kabel oder Router zurückzuführen oder der Netzsoftware zurückzuführen.[20]
Ein wichtiges Ziel der IT-Sicherheit ist die Sicherheit bzw. Korrektheit der Daten und Informationen, welche in den Anwendungssystemen verarbeitet werden.[21]

---

[17] (Gabriel, 2020)
[18] (Gabriel, 2020)
[19] (Gabriel, 2020)
[20] (Gabriel, 2020)
[21] (Gabriel, 2020)

Informations- und Datensicherheit:

In Bezug auf die IT-Sicherheit ist meist die Informations- bzw. Datensicherheit gemeint, denn die Informationen bzw. die Daten sind die „Rohstoffe" der EDV und der Kommunikation.[22]

Die Daten bzw. die Informationen die in einem IT-System verarbeitet, gespeichert und weitergeleitet werden, sollen gesichert werden. Das heißt es soll verhindert werden, dass diese unerlaubt verändert, manipuliert, gelöscht, beschädigt oder manipuliert werden.[23]

Außerdem sollen nur berechtigte Personen Zugriff auf diese Daten erhalten. In diesem Zusammenhang werden die Begriffe „Data Safety" und „Data Security" unterschieden. Data Safety umfasst die Maßnahmen zur Sicherung von Daten gegenüber Informations- und Datenverlusten, zum Beispiel durch das Anlegen und Speichern einer regelmäßigen Kopie (Backup) der relevanten Daten.[24]

Data Security umfasst die Absicherung des Zugangs zu Daten und Informationen durch geeignete Maßnahmen, zum Beispiel die Verschlüsselung.

Handelt es sich um personenbezogene Daten, dann ist der Datenschutz hierfür verantwortlich.[25]

Sicherheitsziele:

Die wichtigsten Ziele der IT-Sicherheit ist die Verfügbarkeit. Damit ist die Nutzbarkeit der informationstechnischen Ressourcen und vor allem der Daten, die Integrität, das heißt vor allem die Korrektheit und Verständlichkeit der Daten gemeint.

Des Weiteren ist die Vertraulichkeit, das heißt der Schutz vor unbefugten Zugriffen auf die Informationssysteme gemeint. Hierunter zählt auch die Zurechenbarkeit und die Beweisbarkeit. Mit der Verbindlichkeitseigenschaft kann sowohl die Einhaltung gesetzlicher oder vertraglicher Anforderungen und damit Rechtsverbindlichkeit für IT-Systeme sichergestellt werden.[26]

Die Sicherheit von IT-Systemen ist vielfältigen Gefahren ausgesetzt, die eine Gewährleistung der definierten Sicherheitsziele negativ beeinflussen können. Diese

---

[22] (Gabriel, 2020)
[23] (Gabriel, 2020)
[24] (Gabriel, 2020)
[25] (Gabriel, 2020)
[26] (Gabriel, 2020)

können zu materiellen wie immateriellen Schäden führen. Bedrohungen und Gefährdungen nutzen Schwachstellen in Systemen gezielt aus, die zu Risiken führen.

Mit den Ursachen, dem Erkennen und dem Abwehren von Risiken setzt sich das Risikomanagement auseinander. Das Risikomanagement identifiziert und bewertet Risiken mit der Risikoanalyse. Des Weiteren sollte das Risiko entsprechend gesteuert und kontrolliert werden.[27]

Ziel der IT-Sicherheit muss es sein, durch geeignete Konzepte belastbare IT-Sicherheitsstrukturen im Unternehmen zu implementieren. Hieraus sollen konkrete Maßnahmen zur Gewährleistung der IT-Sicherheit hervorgehen.[28]

Im vierten Abschnitt dieser Arbeit werden konkrete Sicherheitsmaßnahmen für KMU's aufgezeigt.

Maßnahmen:
Zur Gewährleistung der Sicherheit in KMU lassen sich unterschiedliche Maßnahmen ergreifen. Einerseits unterscheidet man vorrangig technische Maßnahmen. Hierzu zählen Antivirenprogramme und Firewall-Systeme, aber auch Verschlüsselungs-programme (Kryptographie). Hinzukommen Maßnahmen zur Authentifizierung und zur Autorisierung.[29]
Andererseits lassen sich primär organisatorische Sicherheitsmaßnahmen aufstellen, das heißt sowohl aufbau- als auch ablauforganisatorische Maßnahmen. Dadurch soll der betriebliche Prozess sicher gestaltet werden.[30]

---

[27] (Gabriel, 2020)
[28] (Gabriel, 2020)
[29] (Gabriel, 2020)
[30] (Gabriel, 2020)

3. Ist Zustand der IT-Sicherheit in KMU

In diesem Abschnitt wird ein Überblick über den aktuellen Stand der IT-Sicherheitsmaßnahmen in KMUs gegeben. Hierfür wurde die Studie der Industrie und Handelskammer mittlerer Niederrhein herangezogen, worin im Jahr 2019 115 Unternehmen zu ihren IT-Sicherheitsmaßnahmen befragt wurden.[31]

Die folgenden Kategorien wurden jeweils untersucht:[32]

- Infrastruktur
- Sicherheitskonzept
- IT-Sicherheitsbeauftragter
- Verschlüsselung
- Mobilgeräte
- Mitarbeitersensibilisierung
- Datensicherung
- Risikomanagement
- Datenschutz

Im Folgenden werden die einzelnen Kategorien im Hinblick auf die IT-Sicherheitsmaßnahmen betrachtet.

---

[31] (Industrie- und Handelskammer Mittlerer Niederrhein, 2019)
[32] (Industrie- und Handelskammer Mittlerer Niederrhein, 2019)

3.1 Infrastruktur

Mit der Kategorie der IT-Infrastruktur sind die physischen und die digitalen Schutzmaßnahmen von Hard- und Softwarekomponenten gemeint. Es wurden unter anderem Schutzmaßnahmen für Serverräume, sowie die generelle Nutzung von WLANs und externen Datenträgern betrachtet.[33]

Die folgende Abbildung zeigt die Ergebnisse der Befragung in Bezug auf die Infrastruktur der IT-Sicherheitssysteme.

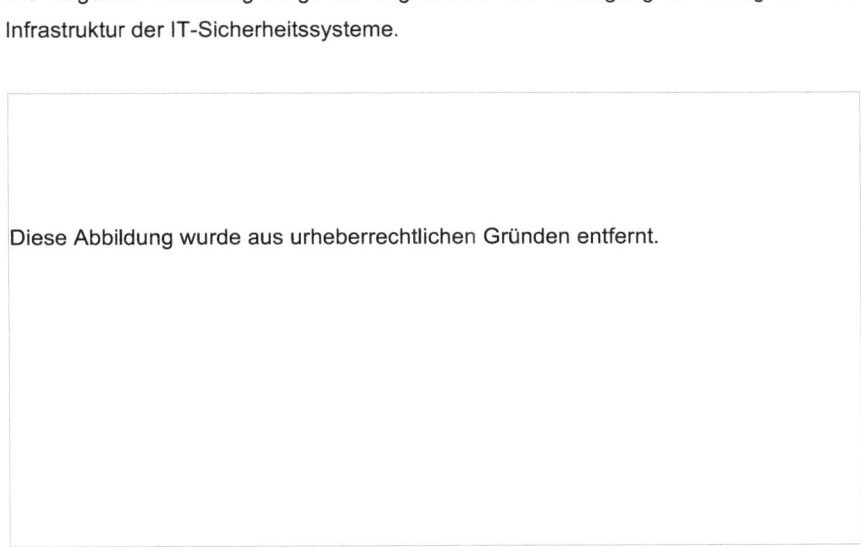

Diese Abbildung wurde aus urheberrechtlichen Gründen entfernt.

Abbildung 1: Kernaussagen der Maßnahmen aus dem Bereich Infrastruktur

Aus der Abbildung eins geht hervor, dass Unternehmen im Bereich „Schutz vor Schadsoftware und Firewalls sehr gut aufgestellt sind. Bei den anderen betrachteten Punkten gibt es insbesondere bei den kleinen KMUs nach größeres Ausbaupotenzial.[34]

Ein weiterer Punkt der untersucht wurde ist das Angebot von WLANs innerhalb des Unternehmens. Viele Unternehmen bieten Angestellten, Besuchern oder Kunden.

---

[33] (Industrie- und Handelskammer Mittlerer Niederrhein, 2019)
[34] (Industrie- und Handelskammer Mittlerer Niederrhein, 2019)

3.2 Sicherheitskonzept

Durch die steigende Vernetzung und den hohen Stellenwert von IT-Systemen ist die Sicherheit dieser Systeme für den Unternehmenserfolg essenziell. Damit Unternehmen im Fall eines Angriffs vorbereitet sind, sollte IT-Sicherheit in den Sicherheitskonzepten verankert sein.[35]

Unternehmen können so dafür sorgen, dass Sie im Schadensfall nicht unvorbereitet sind, da Sie das Vorgehen bereits geplant und Maßnahmen zur Reduzierung der Schadensschwere bestimmt haben.

Diese Abbildung wurde aus urheberrechtlichen Gründen entfernt.

Abbildung 2: Sicherheitskonzepte und IT-Sicherheitsziele

Eine solches Sicherheitskonzept ist bislang nur bei 50 Prozent der befragten Unternehmen umgesetzt. Unternehmen, die sich bislang gegen die Verankerung entschieden, oder diesen Punkt nicht bedacht haben, sollten prüfen, ob ihre Existenz von der Funktionalität der IT-Systeme und den darauf gespeicherten Daten abhängig ist.[36]

---

[35] (Industrie- und Handelskammer Mittlerer Niederrhein, 2019)
[36] (Industrie- und Handelskammer Mittlerer Niederrhein, 2019)

Wenn eine Abhängigkeit besteht, sollten Schutzziele bewertet und Sicherheitskonzepte angepasst werden.

Damit IT-Sicherheitsmaßnahmen zielgerichtet ausgesucht und etabliert werden können, sollten verbindliche IT-Sicherheitsziele festgelegt werden. Die Definition solcher Ziele ermöglicht außerdem, dass sich die verschiedenen Bereiche und Aktivitäten innerhalb des Unternehmens von Beginn an deren Einhaltung orientieren können. Auch in diesem Bereich besteht bei den Unternehmen der Region Handlungsbedarf.[37]

So gaben 43 Prozent der Unternehmen gaben an, verbindliche IT-Sicherheitsziele festgelegt zu haben. Umgekehrt bedeutet dies, dass über die Hälfte der Befragten die Schutzmaßnahmen nicht nach einem festgelegten Plan, sondern unsystematisch umsetzen und einführen.[38]

Wenn IT-Sicherheit ein Teil des Sicherheitskonzeptes ist und entsprechende IT-Sicherheitsziele festgelegt wurden, hängt die Effektivität dieser Maßnahme davon ab, dass die Konzepte und Ziele den Mitarbeitern des Unternehmens bekannt sind, damit diese sich nach ihnen richten können.[39]

Die Bekanntmachung und anschließende Überprüfung der Einhaltung wird in einem vergleichbaren Maßstab von den Unternehmen umgesetzt. Dies ist ein Zeichen dafür, dass mit bestehen von Verbindlichen IT-Sicherheitszielen, die Mitarbeiter auf die Bedeutung und Notwendigkeit der IT-Sicherheit aufmerksam gemacht und für diese sensibilisiert werden.[40]

---

[37] (Industrie- und Handelskammer Mittlerer Niederrhein, 2019)
[38] (Industrie- und Handelskammer Mittlerer Niederrhein, 2019)
[39] (Industrie- und Handelskammer Mittlerer Niederrhein, 2019)
[40] (Industrie- und Handelskammer Mittlerer Niederrhein, 2019)

3.3 IT-Sicherheitsbeauftragter

Die zentrale Aufgabe eines IT-Sicherheitsbeauftragten ist es die Unternehmensleitung bei Fragen zur IT-Sicherheit zu beraten. Des Weiteren sollte er bei der Umsetzung der Aufgaben zu unterstützen.[41]

Es bietet sich an für KMUs einen IT-Sicherheitsbeauftragten zu benennen um die Einführung und Umsetzung von IT-Sicherheitsmaßnahmen zu koordinieren und zu kontrollieren.

Um die Umsetzung und Einführung von IT-Sicherheitsmaßnahmen koordiniert und kontrolliert umzusetzen, bietet es sich für Unternehmen an, einen IT-Sicherheitsbeauftragten zu benennen.

Von den Befragten Unternehmen der angeführten Studie haben 33 Prozent der Unternehmen einen solchen IT-Sicherheitsbeauftragten.

Ist in einem Unternehmen kein IT-Sicherheitsbeauftragter sollte wenigstens ein Ansprechpartner für IT-Sicherheitsfragen verfügbar sein. Ein IT-Sicherheitsansprechpartner ist in 83 Prozent der Befragten Unternehmen verfügbar.[42]

Durch das Ausbleiben einer festgelegten Kontaktstelle müssen Mitarbeiter im Zweifelsfall selbst entscheiden, ob einer verdächtigen Quelle vertraut wird, oder nicht. Dies kann dazu führen, dass unwissentlich falsch entschieden wird und ein Angreifer, beispielsweise durch eine Phishing-Mail, erfolgreich das Firmennetzwerk infiziert.[43]

---

[41] (Rehm, 2019)
[42] (Industrie- und Handelskammer Mittlerer Niederrhein, 2019)
[43] (Industrie- und Handelskammer Mittlerer Niederrhein, 2019)

3.4 Verschlüsselung

Anhand der Verschlüsselung lassen sich Daten in eine für Unbefugte nicht mehr lesbare Form umwandeln.[44]

Zur Verschlüsselung kommen digitale Schlüssel, das heißt Schlüsseldateien in symmetrischen oder asymmetrischen Verschlüsselungsverfahren zur Anwendung. Die Verschlüsselung wendet Algorithmen und Verfahren an, um Daten in eine für Unbefugte nicht mehr lesbare Form zu bringen. Auf diese Daten kann erst nach der Entschlüsselung wieder lesbar zugegriffen werden. Der Begriff „Chiffrieren" ist ein oft synonym benutzter Begriff für das Verschlüsseln. Zum Ver- und Entschlüsseln kommen digitale oder elektronische Codes, die Schlüssel, zum Einsatz. Die Schlüssel stellen eine Art „Geheimcode" dar, mit denen es möglich ist, Daten von Klartext in Geheimtext und umgekehrt zu verwandeln.[45]

Die Verschlüsselung von Daten ist eine der ältesten und bewährtesten Sicherheitsmaßnahmen, um die Offenlegung von Daten zu verhindern und deren Vertraulichkeit zu gewährleisten.[46]

Die Wichtigkeit von der Verschlüsselung im Hinblick auf IT-Sicherheit in KMUs von Daten in Unternehmen ist unbestritten, jedoch wird diese bei weitem nicht von allen befragten Unternehmen eingesetzt, wie die folgende Grafik zeigt.[47]

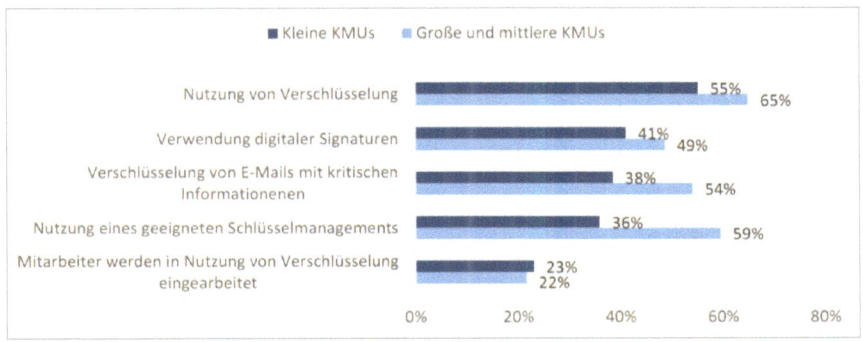

Abbildung 3: Einsatz von Verschlüsselung nach Unternehmensgröße[48]

---

[44] (Luber & Schmitz, 2017)
[45] (Luber & Schmitz, 2017)
[46] (Qiu, 2020)
[47] (Industrie- und Handelskammer Mittlerer Niederrhein, 2019)
[48] (Industrie- und Handelskammer Mittlerer Niederrhein, 2019)

3.5 Mobilgeräte

Die Nutzung mobiler Endgeräte, das heißt zum Großteil davon Handys, im Arbeitsalltag nimmt stetig zu. Smartphones und Tablets sind für viele Unternehmen, zum Beispiel im mobilen Arbeiten, unentbehrlich geworden.[49]

Dies trifft insbesondere auf die aktuelle Corona-Situation in Deutschland zu, wobei noch viel Mitarbeiter für ihren Arbeitgeber von Zu Hause aus, sprich mobil oder aus dem Homeoffice arbeiten lassen.[50]

Die wachsende Anzahl von verschiedenen Modellvarianten von mobilen Endgeräten erschwert zusätzlich einen Überblick über spezifische, sicherheitsrelevante Eigenschaften dieser Geräte beizubehalten. Nicht nur die Verwaltung, sondern auch der Umgang mit Mobilgeräten sollte im Unternehmen klar definiert und in schriftlicher Form festgehalten.[51]

Die folgende Grafik zeigt den Umgang mit mobilen Endgeräten in Unternehmen.

Abbildung 4: Umgang mit Mobilgeräten[52]

[49] (Industrie- und Handelskammer Mittlerer Niederrhein, 2019)
[50] (Däubler, 2020)
[51] (Industrie- und Handelskammer Mittlerer Niederrhein, 2019)
[52] (Industrie- und Handelskammer Mittlerer Niederrhein, 2019)

Die Auswertung in Abbildung 3 zeigt, dass 46 der befragten Unternehmen bisher keine Sicherheitsrichtlinien für den Umgang mit mobilen Endgeräten definiert zu haben. Nur 36 Prozent gaben an, ihren Mitarbeiter zu raten ihre Mobiltelefone zu schützen.[53]

Um Datenverlust durch mobile Endgeräte erst überhaupt zu erkennen, muss das Unternehmung von dem Verlust oder Diebstahl der Geräte erfahren. Dreiviertel der KMUs verpflichtet ihre Mitarbeiter, den Verlust von Mobiltelefonen, unverzüglich mitzuteilen. Um die Möglichkeit des Missbrauchs von sensiblen Daten auf Mobilgeräten und den damit verbundenen Reputationsschaden bestmöglich zu begrenzen, sollte es möglich sein, die darauf befindlichen Daten aus der Ferne zu sperren oder zu löschen.[54]

Die Einrichtung einer solchen Fernsperrung bzw. Fernlöschung haben 43% der Unternehmen vorgenommen.
Viele Anwendung aus dem privaten Umfeld wie zum Beispiel Messenger-Dienste, greifen auf die Kontakte des Mobiltelefons zu. Sind auf dem Mobiltelefon Kontaktdaten von Privatkunden enthalten, so kann das sehr schnell ein Thema für den Datenschutz werden. Insbesondere trifft dieser Aspekt zu, wenn Kundendaten auf dem Mobiltelefon des Mitarbeiters gespeichert sind.
Aus diesen Grund unterscheiden Unternehmen im Idealfall zwischen privater und geschäftlicher Nutzung. Jedoch wird diese nur von gut einem Drittel der befragten Unternehmen praktiziert.[55]

Eine „Whitelist" für installierbare Anwendung, also eine Auflistung der vom Arbeitgeber erlaubten Anwendungen gibt dem Mitarbeiter klare Vorgaben, welche Anwendungen unkritisch sind und welche nicht. Nur gut jedes vierte Unternehmen gibt an eine solche Liste zu führen. Auch für die im Unternehmen eingesetzten Mobilgeräte sollte eine solche Liste bestehen, um Geräte die bekanntermaßen unsicher sind, erst gar nicht zuzulassen. Nur 18 Prozent der befragten Unternehmen gaben an eine Liste für erlaubte Endgeräte zu führen.[56]

---

[53] (Industrie- und Handelskammer Mittlerer Niederrhein, 2019)
[54] (Industrie- und Handelskammer Mittlerer Niederrhein, 2019)
[55] (Industrie- und Handelskammer Mittlerer Niederrhein, 2019)
[56] (Industrie- und Handelskammer Mittlerer Niederrhein, 2019)

3.6 Mitarbeitersensibilisierung

Für die Informationssicherheit im Unternehmen müssen die Mitarbeiter sensibel agieren. Dies ist wichtig um im gesamten Unternehmen relevante Gefahren zunächst zu erkennen und abwenden zu können.

Wenn Mitarbeiter eines Unternehmens die Notwendigkeit von Sicherheitsmaßnahmen verstanden haben, dann setzen sie diese am besten um. Durch Schulungen zu den IT-Sicherheitszielen und Maßnahmen zur Einhaltung dieser Zielewerden Mitarbeiter sensibilisiert. Damit kann eine Kultur der Informationssicherheit im Unternehmen geschaffen werden.

Die folgende Abbildung zeigt die Mitarbeitersensibilisierung gruppiert nach Größe:

Diese Abbildung wurde aus urheberrechtlichen Gründen entfernt.

Abbildung 5: Sensibilisierungsangebot in Unternehmen

Aus der Grafik geht hervor, dass 59 Prozent der kleinen und 86 Prozent der größeren KMUs, ihre Mitarbeiter rund um das Thema IT-Sicherheit sensibilisieren. Besonders kleinere Unternehmen haben hierbei Nachholbedarf.

Des Weiteren ist auch die Vielfalt der angebotenen Maßnahmen ausbaufähig, wie die folgende Abbildung zeigt.[57]

---

[57] (Industrie- und Handelskammer Mittlerer Niederrhein, 2019)

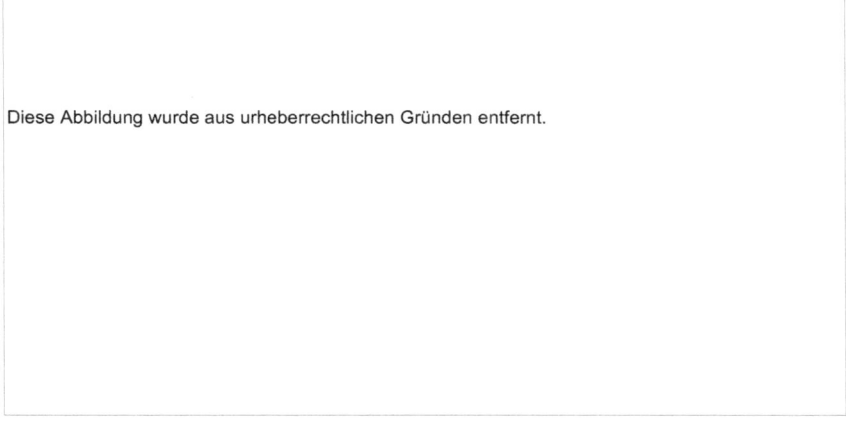

Diese Abbildung wurde aus urheberrechtlichen Gründen entfernt.

Abbildung 6: Sensibilisierungsangebot in Unternehmen

Die Befragung zu diesem Punkt ergab, das beispielsweise nur 37 Prozent der KMUs die Mitarbeiter durch Schulungen sensibilisieren. Im Gegensatz zu Hinweisen und Tipps zur IT-Sicherheit lässt sich in Schulungen und Seminaren überprüfen welche Mitarbeiter teilgenommen haben. Tipps und Informationen ist es schwierig den Überblick zu behalten und die Effektivität zu überprüfen. Des Weiteren geht aus der Befragung hervor das die Mitarbeiter diese Schulungsmaßnahmen auch meistens wahrnehmen.

3.7 Datensicherung

Die Verfügbarkeit von Daten ist für die meisten Unternehmen enorm wichtig. Je nachdem welcher Branche ein KMU zuzuordnen ist, kann ein Datenverlust zu einem hohen finanziellen Schaden führen, sogar existenzbedrohen werden. Die Bedrohungen für die Unternehmensdaten sind vielfältig. Zu den möglichen Ursachen zählen menschliche Fehler, Fehler in der Software bzw. Hardware oder Schadsoftware.[58]

Die Bedrohungen für Unternehmensdaten sind vielfältig. Zu den häufigsten Ursachen für den Verlust von Daten zählen menschliche Fehler, Schadsoftware, Fehler in Soft-

---

[58] (Industrie- und Handelskammer Mittlerer Niederrhein, 2019)

bzw. Hardware, oder dem Zusammenspiel von Komponenten und physische Schäden an Datenträgern.[59]

Damit im Ernstfall der Schaden eines Datenverlusts möglichst begrenzt werden kann, empfiehlt unter anderem das Bundesamt für Sicherheit in der Informationstechnik, die Unternehmensdaten durch regelmäßige Backups zu sichern.[60]

Die folgende Auswertung der Umfrage zeigt einen Überblick der umgesetzten Maßnahmen im Hinblick auf Datensicherung in KMUs.

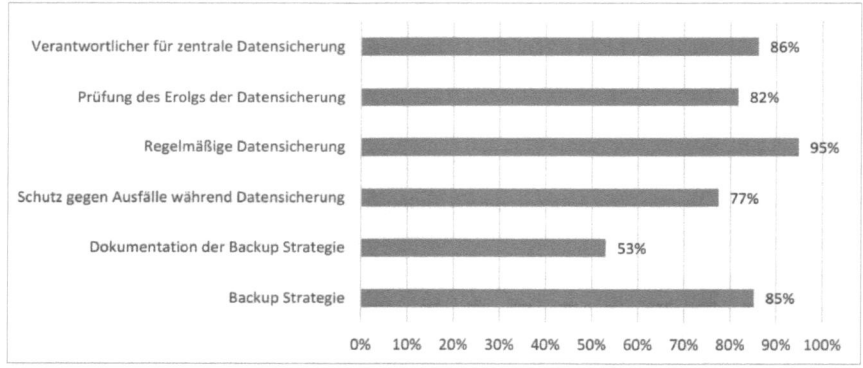

Abbildung 7: Umgesetzte Maßnahmen der Datensicherung[61]

Mit 95 Prozent liegt der Anteil die eine Daten Sicherung durchführen durchaus recht hoch.
Die zeitlichen Abstände der Datensicherung richten sich dabei nach der Bedeutung der Aktualität der gespeicherten Daten. Das genaue Vorgehen und die eingesetzten Werkzeuge für die Datensicherung werden in der Backup Strategie dokumentiert. Die schriftliche Fixierung der Backup Strategie gewährleistet auch bei wechselnden Verantwortungen eine korrekte und nachhaltig richtige Durchführung der

[59] (Rüsche, 2020)
[60] (Bundesamt für Sicherheit in der Informationstechnik, 2020)
[61] (Industrie- und Handelskammer Mittlerer Niederrhein, 2019)

Datensicherung. Jedoch haben nur 53 Prozent der befragten Unternehmen haben ihre Backup Strategie dokumentiert.[62]

Hierfür ist im Idealfall ein verantwortlicher im Unternehmen benannt. Solch einen Verantwortlichen haben 86 Prozent ernannt.

Der Verantwortliche für die Datensicherung überwacht und vollzieht diese konform der Backup Strategie. Mit 86 Prozent der Unternehmen haben einen solchen Verantwortlichen ernannt.[63]

3.8 Risikomanagement

Ähnlich dem Verhalten während eines Brandfalls, sollte auch das Verhalten bei IT-Sicherheitsvorfällen gedanklich vorweggenommen werden. Die Festlegung genauer Handlungsanweisungen erleichtert das zielgerichtete Handeln in Notfallsituationen.[64]

Die folgende Grafik zeigt die Maßnahmen zur Notfallbehandlung gruppiert nach Unternehmensgröße.

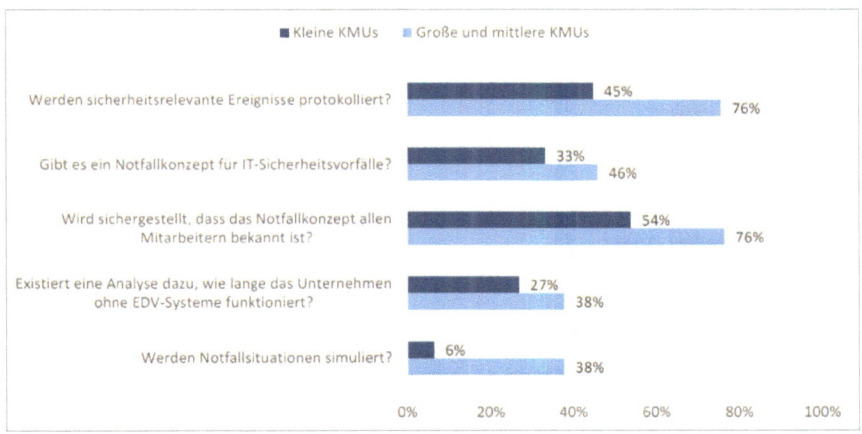

Abbildung 8: Notfallbehandlung gruppiert nach Unternehmensgröße[65]

[62] (Industrie- und Handelskammer Mittlerer Niederrhein, 2019)
[63] (Industrie- und Handelskammer Mittlerer Niederrhein, 2019)
[64] (Industrie- und Handelskammer Mittlerer Niederrhein, 2019)
[65] (Industrie- und Handelskammer Mittlerer Niederrhein, 2019)

Um wiederkehrende Gefahren erkennen zu können, sollten sicherheitsrelevante Vorfälle protokolliert werden. Nur knapp die Hälfte der kleinen- und Dreiviertel der größeren KMUs protokollieren IT-Sicherheitsvorfälle. IT-Notfälle können beispielweise Defekte in Soft- oder Hardware sein, die den Unternehmensbetrieb in kritischer Weise beeinträchtigen.[66]

Die Befragung offenbart, dass rund 40 Prozent der Unternehmen ein solches Konzept haben. Nur wenn den Mitarbeitern das Notfallkonzept bekannt ist, können Sie im Ernstfall schnell und richtig reagieren.[67]

3.9 Datenschutz

Die Datenschutz-Grundverordnung (DSGVO) ist eine auf europäischer Ebene beschlossene Verordnung mit dem Zweck, die Rechte der EU-Bürger hinsichtlich des Datenschutzes zu stärken und zu vereinheitlichen. Im Fokus steht der Schutz personenbezogener Daten von natürlichen Personen. Die DSGVO wurde 2016 beschlossen und trat am 25. Mai 2018 in Kraft getreten.[68]

Die aufgestellten Grundsätze stellen die Grundregeln zur Verarbeitung von personenbezogenen Daten dar und helfen Insbesondere bei der Auslegung von Regelungen der DSGVO.[69]

---

[66] (Industrie- und Handelskammer Mittlerer Niederrhein, 2019)
[67] (Industrie- und Handelskammer Mittlerer Niederrhein, 2019)
[68] (Margarete, 2019)
[69] (Margarete, 2019)

Abbildung 9: DSGVO - Übersicht nach Unternehmensgröße

Fast alle befragten Unternehmen kennen diese Grundsätze aus der DSGVO. Alle größeren und 91 Prozent der kleineren KMUs sind sich der Spezifizierung von personenbezogenen Daten bewusst.[70]

Auffällig ist, dass nur 58 Prozent der befragten Unternehmen wissen, dass Datenschutzpannen zu melden sind.[71]

Abbildung 10: Selbsteinschätzung der Unternehmen nach DSGVO-Konformität

Trotz der hohen Selbsteinschätzung zu dem Wissen in den Teilbereichen der DSGVO, bezeichneten sich nur 48 Prozent der Unternehmen als gänzlich DSGVO konform. Dies zeigt das immer noch Verunsicherung zur Umsetzung der DSGVO besteht.

---

[70] (Industrie- und Handelskammer Mittlerer Niederrhein, 2019)
[71] (Industrie- und Handelskammer Mittlerer Niederrhein, 2019)

4. Konzepte für IT-Sicherheit in KMU

Im vorausgegangen Abschnitt wurde der aktuelle Stand der IT Sicherheitsmaßnahmen in KMUs dargelegt. In diesem Abschnitt sollen nun Maßnahmen vorgestellt werden um möglichen Gefahren für die IT entgegenzuwirken.

Maßnahmen:

Zur Gewährleistung der Sicherheit in Organisationen bzw. Unternehmungen lassen sich unterschiedliche Maßnahmen ergreifen. Einerseits unterscheidet man primär technische Maßnahmen wie Firewall-Systeme und Antivirenprogramme, aber auch Verschlüsselungsprogramme (Kryptographie) und Maßnahmen zur Authentifizierung und Autorisierung. Andererseits lassen sich primär organisatorische Sicherheitsmaßnahmen aufstellen, d.h. sowohl aufbau- als auch ablauforganisatorische Maßnahmen, so dass gesicherte betriebliche Prozesse gestaltet werden. Viele Unternehmungen richten für diese Tätigkeiten, die die IT-Sicherheit gewährleisten sollen, die Stelle eines IT-Sicherheitsbeauftragten ein. Mit der Sicherheit personenbezogener Daten beschäftigt sich der Datenschutz (Data Privacy), für den die Datensicherheit bzw. IT-Sicherheit vorausgesetzt wird.[72]

---

[72] (Industrie- und Handelskammer Mittlerer Niederrhein, 2019)

4.1 Infrastruktur

Damit die verschiedenen IT-Systeme innerhalb eines Netzwerks zielgerichtet koordiniert und kontrolliert werden können, müssen Unternehmen Asset-Listen oder vergleichbare, zur Inventarisierung und Lokalisierung geeignete Listen führen. Über die IT-Systeme müssen mindestens drei Kerndaten gespeichert werden: ein eindeutiges Identifizierungsmerkmal, Informationen über den Einsatzort und der Einsatzzweck.

Neben diesen Kerndaten ist es ratsam, von vornherein weitere Details der Systeme zu speichern. Eine Speicherung der eingesetzten Soft- und Hardware, Herstellernamen, Seriennummern, oder Informationen über Serviceverträge, erhöhen die Effektivität einer solchen Liste, da so schnell neue Schwachstellen in Systemen auf ihre Relevanz geprüft und betroffene Geräte umgehend identifiziert und geupdated werden können.[73]

Benutzer und Geräte, die auf Daten des Unternehmens zugreifen, müssen zweifelsfrei identifiziert und authentifiziert werden. Ohne entsprechende Kontrollen kann nicht gewährleistet werden, dass nur berechtigte Entitäten auf die Daten und Ressourcen zugreifen können.[74]

Um Zugriffe unberechtigter Dritter auf nichtöffentliche Bereiche der IT-Systeme zu verhindern, können die folgenden Maßnahmen herangezogen werden:[75]

- Festlegung von Regelung, ab wann ein PC-Arbeitsplatz zu sperren ist
- Einrichtung einer automatisierten Sperrung bei Inaktivität
- Festlegung von Passwort-Richtlinien
- Zugang zu betriebsinternen Bereichen sollte durch geeignete Anmeldeverfahren abgesichert sein
- Vergabe von Zutritts- und Zugriffsberechtigungen entsprechend der zu erledigenden Aufgaben und Funktionen im Unternehmen
- Verwaltung der Zugänge und Zugriffsrechte in einem strukturierten System
- Festlegung der Verantwortlichkeiten zur Vergabe von Nutzungsrechten, um immer eine aktuelle Übersicht zu haben

---

[73] (Industrie- und Handelskammer Mittlerer Niederrhein, 2019)
[74] (Industrie- und Handelskammer Mittlerer Niederrhein, 2019)
[75] (Industrie- und Handelskammer Mittlerer Niederrhein, 2019)

4.2 Sicherheitskonzept

Die Befragung hat ergeben, dass IT-Sicherheit nur bei der Hälfte der Unternehmen im Sicherheitskonzept verankert ist. Weniger als die Hälfte hat verbindliche IT-Sicherheitsziele festgelegt.[76]

Damit ein angemessenes IT-Sicherheitsniveau zielgerichtet erreicht werden kann, müssen unter anderem die Herangehensweise geplant werden. Des Weiteren sollten feste Verantwortlichkeiten und Vorgehensweisen in einem Sicherheitskonzept festgehalten werden.[77]

Für Unternehmen lassen sich entsprechende Handlungsempfehlungen ableiten:[78]

- Gesamtverantwortung der IT-Sicherheit durch die Geschäftsleitung
- Festlegung von IT-Sicherheitszielen damit Fehlinvestitionen vermieden werden
- Verankern der IT-Sicherheit in dem Sicherheitskonzept des Unternehmens
- Definition von Rollen und Verteilen von entsprechenden Verantwortlichkeiten
- Für neue Geschäftsprozesse parallel Festlegung von IT-Sicherheitsmaßnahmen
- Integration der Mitarbeiter in IT-Sicherheitsmaßnahmen
- Schulung der Mitarbeiter
- Hinweis auf Konsequenzen bei Nichtbeachtung

---

[76] (Industrie- und Handelskammer Mittlerer Niederrhein, 2019)
[77] (Industrie- und Handelskammer Mittlerer Niederrhein, 2019)
[78] (Industrie- und Handelskammer Mittlerer Niederrhein, 2019)

4.3 IT-Sicherheitsbeauftragter

Ein Drittel der Unternehmen gab bei der Befragung an, einen IT-Sicherheitsbeauftragten benannt zu haben.

Die Vergabe der Verantwortung für Planung und Kontrolle von IT-Sicherheitsmaßnahmen bringt Vorteile mit sich. Deshalb sollten KMUs ohne IT-Sicherheitsbeauftragten eine Benennung prüfen und umsetzen.

Eine Benennung muss nicht zwingend eine interne Stelle besetzen, sondern kann auch extern vergeben werden.[79]

Die IT-Sicherheitsberatung sollte bedarfsorientiert an die Unternehmenssituation angepasst werden. Durch entsprechende Schulungs-, Zertifizierungs-, oder vergleichbare Maßnahmen werden Mitarbeiter auf neue Aufgabenbereiche vorbereitet. Dadurch erlangen sie die notwendige Kompetenz, um das IT-Sicherheitsniveau des Unternehmens zu erhöhen.[80]

Für KMUs lassen sich die folgenden Handlungsempfehlungen ableiten:[81]

- Einrichten einer zentralen Anlaufstelle für Fragen in Zusammenhang mit IT-Sicherheit für die Mitarbeiter des KMU
- Konkrete Benennung und Festlegung der Verantwortung des IT-Sicherheitsbeauftragten
- Wenn keine Mitarbeiter für diese Funktion im Unternehmen zur Verfügung steht ist, gegeben falls einen Externen zu beauftragen oder die Aufgaben auf die Mitarbeiter der IT im Unternehmen zu verteilen
- Investitionen in Kompetenz und Qualifikation des IT-Sicherheitsbeauftragten
- Etablierung regelmäßiger Berichterstattung zwischen der Geschäftsführung und dem
- Sicherheitsbeauftragten

---

[79] (Datenschutz Nord Gruppe, 2018)
[80] (Datenschutz Nord Gruppe, 2018)
[81] (Industrie- und Handelskammer Mittlerer Niederrhein, 2019)

4.4 Verschlüsselung

Die Verschlüsselung von Informationen ist eine effektive Möglichkeit, um die Vertraulichkeit von Daten zu gewährleisten. Daten die verschlüsselt sind, können auch weiterhin von Angreifern gestohlen werden. Jedoch können diese gestohlenen Daten nicht gelesen werden und damit nicht weiterverwendet werden.[82]

Vorteil der Verschlüsselung ist der vergleichsweise geringe Aufwand. Nach einem einmaligen Erstellen und Erklären der Verschlüsselung des Systems ist kein weiterer Aufwand mehr notwendig.[83]

Besonders kritische Daten müssen vor dem Datenaustausch verschlüsselt werden. Kritische Daten sind beispielsweise personenbezogene Daten, Geschäftsgeheimnisse, Zahlungsdaten oder aktuelle Kennzahlen und Planungen. Eine Offenlegung dieser Daten hätte verehrende Folgen für das Unternehmen haben könnte.[84]

KMUs die bisher ihre Daten nicht verschlüsseln sollten die folgenden Maßnahmen prüfen und umsetzten:[85]

- Festlegung der kritischen Daten- und Kommunikationswege
- Prüfen einer geeigneten kryptografischen Methode (Verfahren zur Verschlüsselung)
- Einführung eines geeigneten „Schlüsselmanagements"
- Empfehlenswert ist die Verschlüsselung von Datensicherungsträgern, damit diese im Fall eines Diebstahls unbrauchbar sind.
- Verschlüsselung von Daten und Kommunikationswegen
- Etablieren Sie die Verschlüsselung von Daten und Kommunikationswegen.

Obwohl die unternehmensweite Nutzung von Verschlüsselung grundsätzlich sinnvoll ist, so müssen dennoch nicht alle aufgeführten Maßnahmen unternehmensweit umgesetzt werden. Es müssen nicht alle Dateien verschlüsselt werden.[86]

---

[82] (Herold, et al., 2017)
[83] (Herold, et al., 2017)
[84] (Industrie- und Handelskammer Mittlerer Niederrhein, 2019)
[85] (Industrie- und Handelskammer Mittlerer Niederrhein, 2019)
[86] (Industrie- und Handelskammer Mittlerer Niederrhein, 2019)

Ausgewählte, besonders kritische Dokumente und Datenträger durch Verschlüsselung zu schützen kann bereits dazu beitragen, das Sicherheitsniveau signifikant zu erhöhen. Um dies zu ermöglichen könnten Daten kategorisiert und für die jeweiligen Kategorien danach ein entsprechender Schutzbedarf und Schutzmaßnahmen definiert werden. Für solche Kategorisierungen gibt es diverse frei zugängliche Ansätze, wie die Schutzbedarfsfeststellung des BSI-Standards 200-2.[87]

4.5 Mobilgeräte

Jedes KMU welches Mobilgeräte einsetzt, sollte sich auch mit der sicheren Handhabung dieser beschäftigen. Nur mit Dokumentation, das heißt schriftlicher Fixierung.[88]

Nur durch schriftlich fixierte Vorgaben zur Nutzung z.B. in Form von Richtlinien, lassen sich die mit dem Einsatz von Mobilgeräten verbunden Risiken richtig einschätzen und bestmöglich begrenzen.[89]

Insbesondere für Unternehmen mit einer größeren Anzahl von Mobilgeräten, ist der Einsatz eines Mobile Device Management zu empfehlen. Mit einer solchen Software lassen sich die Endgeräte zentral verwalten und Sicherheitsregeln durchsetzen. Im Ernstfall können hierdurch Notfallaktion wie eine Fernlöschung durchgeführt werden.[90]

---

[87] (Bundesamt für Sicherheit in der Informationstechnik, 2017)
[88] (Industrie- und Handelskammer Mittlerer Niederrhein, 2019)
[89] (Industrie- und Handelskammer Mittlerer Niederrhein, 2019)
[90] (Industrie- und Handelskammer Mittlerer Niederrhein, 2019)

4.6 Mitarbeitersensibilisierung

Aus der Befragung der IHK geht hervor, dass nur etwas mehr als die Hälfte der größeren und jedes vierte Unternehmen der kleineren KMUs Schulungen zur IT – Sicherheit anbieten und damit ihre Mitarbeiter sensibilisieren. Dies erscheint sehr wenig im Hinblick auf diese wichtige Bedeutung der IT-Sicherheitsmaßnahmen die Eingangs dieser Arbeit erläutert wurden.

Die Unternehmen sollten demnach prüfen, ob sie ein geeignetes Schulungskonzept für ihre Mittarbeiter anbieten.

Es können hierfür auch externe Anbieter hinzugezogen werden, grade wenn im Hinblick auf die Unternehmensgröße eine eigene Erstellung und Durchführung wirtschaftlich nicht sinnvoll erscheint.[91]

4.7 Datensicherung

Die Ergebnisse der Befragung zeigen auf, dass die Unternehmen bereits ein hohes Sicherheitsniveau in Bezug auf die Datensicherung erreicht haben. Immerhin gaben 95 Prozent der Unternehmen an in regelmäßigen Abständen eine Datensicherung durchzuführen.

Jedoch gaben mit 53 Prozent nur etwas mehr als die Hälfte der befragten Unternehmen an, ihre Backup Strategie schriftlich zu dokumentieren. Dies kann insbesondere dann kritisch werden, wenn zum Beispiel der Verantwortliche für die Datensicherung kurzfristig ausfällt oder das Unternehmen verlässt.[92]

Unternehmen sollten also kurzfristig prüfen ob ein Datensicherungskonzept besteht. Dieses Datensicherungskonzept sollte geprüft werden im Hinblick auf eine entsprechende Dokumentation.[93]

---

[91] (Industrie- und Handelskammer Mittlerer Niederrhein, 2019)
[92] (Industrie- und Handelskammer Mittlerer Niederrhein, 2019)
[93] (Industrie- und Handelskammer Mittlerer Niederrhein, 2019)

4.8 Risikomanagement

Die Grundlage für einen effektiven Umgang mit IT-Sicherheitsvorfällen stellt ein effektives Risikomanagement dar, sprich ein Notfallkonzept. Die kleineren KMUs gaben zu 33 Prozent und die größeren KMUs zu 46 Prozent an, ein Notfallkonzept erstellt zu haben. In Anbetracht der Selbsteinschätzung zum Schutzbedarf der im Unternehmen gespeicherten Daten (über 80% der KMUs sagten „eher hoch" bzw. „sehr hoch"), erscheint die Erstellung eines Notfallkonzept, bei noch zu wenigen Unternehmen in der Region umgesetzt zu sein.[94]

Der Aufwand für die Erstellung ein unternehmensindividuelles Notfallkonzept, ist immer im angemessenen Verhältnis zum Schutzbedarf der jeweiligen Unternehmung zu betrachten.[95]

4.9 Datenschutz

Die befragten Unternehmen gaben an, grundsätzlich über die Anforderung in Teilbereichen der DSGVO informiert zu sein.

Jedoch scheint bei der Meldepflicht der Datenpannen bei den kleineren KMUs noch Unsicherheit zu bestehen.

Um die Lücken zu füllen gibt es externe Dienstleister und auch auf der Webseite der IHK gibt es Checklisten und Hinweise um den Datenschutz in einem KMU zu verbessern.[96]

---

[94] (Industrie- und Handelskammer Mittlerer Niederrhein, 2019)
[95] (Industrie- und Handelskammer Mittlerer Niederrhein, 2019)
[96] (Industrie- und Handelskammer Mittlerer Niederrhein, 2019)

5. Schlussbetrachtung

5.1 Fazit

Während der Bearbeitung des Themas IT-Sicherheit in Hinblick auf KMUs stellte sich in fast allen Auswertungen heraus, dass große Unternehmen tendenziell besser aufgestellt sind als kleinere. Obwohl sich auch die kleineren Unternehmen sicher durchaus den Risiken bewusst sind.

Die eingangs dieser Arbeit hervorgehobene hohe Bedeutung der IT-Sicherheit in KMUs kann gar nicht hoch genug eingeschätzt werden, da bereits schon geringe Störungen bzw. auch schon kleine Angriffe auf die IT-Infrastruktur hohe Kosten nach sich ziehen können.

5.2 Ausblick

Aktuell befinden sich in Deutschland und weltweit wahrscheinlich so viele Mitarbeiter von verschiedensten Unternehmen im Homeoffice, dafür nutzen sie verschiedenste technische Lösungen zu Bearbeitung ihrer Aufgaben. Allein dieser Anstieg an mobilen Endgeräten im Arbeitsalltag zeigt die Relevanz und die Aktualität dieses Themas. Hier zeigt sich wie wichtig das Themengebiet IT-Sicherheit ist und voraussichtlich in Zukunft noch werden wird. Auch wenn die Covid-19 Pandemie vorrüber sein wird, wird sich voraussichtlich das Arbeitsleben gegenüber der Situation vor Corona verändert haben. Die Digitalisierung im Arbeitsalltag und in kleinen und mittelständischen Unternehmen nimmt eher tendenziell zu. Damit gewinnt auch das Thema IT-Sicherheit in KMUs an Bedeutung.

Literaturverzeichnis

Bundesamt für Sicherheit in der Informationstechnik, 2017. *Bundesamt für Sicherheit in der Informationstechnik.* [Online]
Available at:
https://www.bsi.bund.de/SharedDocs/Downloads/DE/BSI/Grundschutz/Kompendium/standard_200
_2.pdf?__blob=publicationFile&v=7
[Zugriff am 19. 09. 2020].

Bundesamt für Sicherheit in der Informationstechnik, 2020. *Bundesamt für Sicherheit in der Informationstechnik.* [Online]
Available at: https://www.bsi-fuer-
buerger.de/BSIFB/DE/Empfehlungen/Datensicherung/datensicherung.html
[Zugriff am 09. 13. 2020].

Bundesverband Materialwirtschaft, Einkauf und Logistik e.V., 2017. *BME Verband.* [Online]
Available at: https://www.bme.de/technologien-im-handel-2316/
[Zugriff am 28. 07. 2018].

Datenschutz Nord Gruppe, 2018. *Datenschutz Nord Gruppe.* [Online]
Available at: https://www.datenschutz-nord-
gruppe.de/informationssicherheit/informationssicherheitsbeauftragter
[Zugriff am 14. 09. 2020].

Däubler, W., 2020. *Bund Verlag.* [Online]
Available at: https://www.bund-verlag.de/corona/corona-homeoffice
[Zugriff am 17 09. 2020].

Die Bundesregierung, 2020. *Förderinfo Bund.* [Online]
Available at: https://www.foerderinfo.bund.de/de/kmu-definition-der-europaeischen-kommission-
972.php
[Zugriff am 13. 09. 2020].

Gabriel, R., 2020. *Gabler-Bankenlexikon.* [Online]
Available at: https://www.gabler-banklexikon.de/definition/it-sicherheit-70719
[Zugriff am 13 09 2020].

Herold, H., Bruno, L., Wolhrab, J. & Hopf, M., 2017. *Grundlagen der Informatik.* 3 Hrsg. Hallbergmoos:
Pearson.

Industrie- und Handelskammer Mittlerer Niederrhein, 2019. *IHK Krefeld.* [Online]
Available at: https://www.ihk-krefeld.de/de/digitalisierung-internet/datenschutz-und-it-
sicherheit/studie-it-sicherheit-am-mittleren-niederrhein-2019.html
[Zugriff am 10. 09. 2020].

Luber, S. & Schmitz, P., 2017. *Security Insider.* [Online]
Available at: https://www.security-insider.de/was-ist-verschluesselung-a-618734/
[Zugriff am 19. 09. 2020].

Margarete, R., 2019. *ComputerWeekly.* [Online]
Available at: https://www.computerweekly.com/de/definition/EU-Datenschutz-Grundverordnung-EU-DSGVO
[Zugriff am 10. 09. 2020].

Mitnick, K. & Simon, W., 2008. *Die Kunst des Einbruchs.* 1 Hrsg. Frechen: Fachbuchverlag für IT, Business und Fotografie.

Mittelstandsforschung Bonn, 2016. *Unternehmenswelt.* [Online]
Available at: https://www.unternehmenswelt.de/mittelstaendische-unternehmen.html
[Zugriff am 13. 09. 2020].

Mittelstandspreis, 2020. *Mittelstandspreis.* [Online]
Available at: https://www.mittelstandspreis.com/mittelstaendische-unternehmen/
[Zugriff am 13. 09. 2020].

Qiu, L. H., 2020. *bdsg-externer-dazenschutzbeauftragter.* [Online]
Available at: https://www.bdsg-externer-datenschutzbeauftragter.de/informationssicherheit/verschluesselung/
[Zugriff am 19. 09. 2020].

Rehm, S.-M., 2019. *Haufe.* [Online]
Available at: https://www.haufe.de/compliance/management-praxis/cybersicherheit-it-sicherheitsbeauftragter_230130_447256.html
[Zugriff am 19. 09 2020].

Rüsche, S. O., 2020. *Mittelstand Nachrichten.* [Online]
Available at: https://www.mittelstand-nachrichten.de/netzwerke/datenverluste-und-die-wirtschaftlichen-folgen-fuer-unternehmen/
[Zugriff am 18. 09. 2020].

BEI GRIN MACHT SICH IHR WISSEN BEZAHLT

- Wir veröffentlichen Ihre Hausarbeit,
  Bachelor- und Masterarbeit

- Ihr eigenes eBook und Buch -
  weltweit in allen wichtigen Shops

- Verdienen Sie an jedem Verkauf

Jetzt bei www.GRIN.com hochladen
und kostenlos publizieren